LOS POEMAS DEL DRAGÓN

VERSOS DE FUEGO

Karel Nodin

COLECCIÓN ITES

LOS POEMAS DEL DRAGÓN,
VERSOS DE FUEGO

© Karel Nodin
© de esta edición: Olé Libros, 2025

ISBN: 979-13-87951-13-9
Depósito legal: V-4175-2025
Impreso en España

KALOSINI, S. L.
Grupo editorial olélibros
equipo@olelibros.com
www.olelibros.com

A los que arden en silencio.
A los que han pedido la fe, pero no la dignidad.
A las almas que aún buscan su fuego.

No escribo para gustar.
Escribo porque hay cosas que necesitan ser dichas aunque ardan.

KAREL NODIN

Quien escribe con fuego no busca encender,
sino quemar la mentira hasta que solo quede verdad.

KAREL NODIN

PRÓLOGO

Hay libros que iluminan… y hay otros que incendian.
El que tienes entre las manos no pretende ser lámpara, sino hoguera.
No busca consolar, sino despertar.
No ansía respuestas fáciles,
          [sino abrir grietas en las certezas donde arde la duda.

Estos versos son fuego:
el fuego de la alquimia que transmuta la carne en espíritu,
el fuego del miedo que paraliza y al mismo tiempo revela,
el fuego secreto de sociedades ocultas
          [que han manipulado los hilos de la historia,
el fuego interior del autoconocimiento,
y el fuego inextinguible de la rebelión contra las sombras
                  [que gobiernan el mundo.

Aquí, la poesía se convierte en conjuro,
en un espejo que obliga a mirarse sin máscaras,
en un alarido que atraviesa las fronteras del tiempo y la materia.
Porque todo poema aquí reunido no es adorno,
sino herida y cicatriz,
código y revelación.

Y, sobre todas estas brasas,
vigila la figura del dragón:
símbolo de sabiduría prohibida,
guardián de secretos enterrados,

bestia y maestro,
enemigo y aliado.
Su aliento recorre estas páginas
recordándote que la verdadera alquimia comienza
[cuando la llama quema por dentro.

Que cada lector se atreva a entrar en esta caverna de palabras,
pues quien cruce sus portales no saldrá intacto.
El dragón no ofrece paz,
sino transformación.
Y de sus fauces no brota destrucción,
sino el resplandor del despertar.

Este no es un libro para leer.
Es un libro para arder.

ALQUIMIA

Solo busca la luz que existe,
entre las tinieblas
que nublan tu mente

El espejismo de la carne

Un grito súbito ahogó la nada
cuando el alma despertó
mirándose en el espejo.
Siete pasos reculó,
y, al comprender la impostura,
corrió sin mirar atrás.

Los cristales se hicieron trizas,
huyeron lejos del centro,
y el tiempo se desvaneció
en la vorágine densa
de la materia mugrienta,
ahora solo un reflejo
donde vagan las ideas
sin conciencia ni elección.

El olvido repele la gnosis,
la verdad se vuelve sombra,
y la carne que se pudre
se aferra a su prisión.
Pero el espíritu es llama
que ni el metal puede domar,
y la evolución regresa
a reclamar su esplendor.

El alquimista del ser

Cuando la emoción arda en tu pecho,
el caos será tu único guía,
cual llama que consume la razón,
y, en su danza, te perderás.

Si la razón se alza como torre fría,
sin sombra que la toque,
serás un espectro de lógica muerta,
y tu alma, un abismo sin fondo.

Si el instinto es quien marca el paso,
serás una bestia insaciable,
siempre devorando lo inalcanzable,
y, en la nada, tu cuerpo sucumbirá.

Mas, si de emoción, razón e instinto
forjas el triángulo de tu ser,
como un alquimista en la oscuridad,
la luz brotará de nuevo y renacerás.

El equilibrio no es destino, sino arte,
un viaje de sombras y reflejos,
conocer el alma es aprender a andar,
y, solo al final, saber amar.

Axioma del mago

Nada existe fuera de lo inalcanzable,
y por eso se oculta en sombras densas,
para que el curioso imprudente
nunca alcance las alturas silentes
donde reposan los secretos olvidados.

Los misterios que tejen la vida
y los temores que gobiernan la muerte
son murallas inquebrantables
que impiden al desdichado
tocar la realidad que yace tras la cortina,
oculta tras el polvo de lo visible.

Pero, si milenios de oscuridad
no borraron ni un suspiro
de los libros antiguos,
donde la verdad del hombre
yace escrita con sangre y acero,
merecen ser venerados
en su perpetuo silencio.

Colocar las piezas dispersas
en el caos de este rompecabezas eterno
es aplicar la lógica al abismo:
una tela de araña oscura
que solo los sabios jugadores descifran
contemplando el dibujo final
sin temer al laberinto inicial.

El reflejo maldito

Los espejos esconden más que revelan,
puertas selladas a mundos olvidados,
reflejos fugaces de momentos perdidos,
que jamás susurran la verdad.

Quien ante ellos se arrodilla sucumbe,
quien osado los desafía se pierde en la locura,
un secreto susurrado por hechiceros antiguos,
umbral maldito hacia el inframundo.

Misterioso reflejo en las sombras,
¿quién se atreve a mirarte en soledad?
Alimento para el superficial
de aquellos que no saben ver más allá.

¿Capaz de revelar el alma?
Quizás un receptáculo de fuerzas ocultas,
un regalo envenenado,
como lo son, en verdad, la mayoría de los dones.

Testigo mudo de todo lo vivido,
es hora de que tus labios se abran,
que el silencio se quiebre
y el mundo escuche lo que tienes que decir.

LITURGIA DE LOS GUARISMOS

Geometría: desvelo del neófito,
que solo percibe fórmulas dispersas
sin presentir la llama velada
tras los muros de tus enigmas.

No es digno quebrar el sello
ni torcer el lenguaje oculto:
solo el que arde en la búsqueda
recibe el permiso del símbolo.

Mas, si la fiebre de la duda te posee,
hallará su cauce en el tiempo,
si contemplas con ojos despiertos
lo que sus formas revelan.

Teoremas que erigen tríadas,
axiomas que laten como plegarias;
números y letras entrelazados
bailando al filo del abismo.

Fragmentos que se funden en un todo
obedeciendo con rigurosa pureza
los designios eternos de la forma,
donde la división jamás existe.

Fractales en flores insondables,
repeticiones sin fin de lo sagrado,
belleza secreta que palpita
en la raíz invisible de la creación.

Ondas que van y regresan,
respiración de lo eterno,
donde en una gota minúscula
tiembla el misterio del cosmos.

Materia reducida a lo ínfimo,
aliento que se disuelve en lo micro
para que en un solo soplo
lo macro estalle en infinito.

LA MATRIOSKA

Locura de ver lo invisible,
aquello que escapa a los sentidos,
reino de lo inalcanzable,
donde la verdad se funde y se oculta.

Ilusión arrancada del abismo,
cicatrices que agitan al alma,
paraíso vedado al humano,
tormenta que sigue a la calma.

Arcano y joven maestro,
continuidad dentro de la finitud,
retoño nacido del secuestro,
un eco perdido de la virtud.

Viaje a través del espacio,
marcado por el tiempo en la Tierra,
donde todo parece ir despacio,
y el secreto aguarda a quien lo quiera.

Percepción de lo imperceptible,
intuido en tiempos olvidados,
certeza de lo increíble,
ajena al engaño, eterna en su vigilia.

Mares de estrellas sin agua
creando océanos en universos paralelos,
y tú, psiconauta en tu piragua,
navegando entre polos opuestos y cielos.

Materia al espíritu desafía
siendo una realidad insondable,
quien se atreva a tal afrenta
que hable, pues su voz será imparable.

La matrioska ha sido abierta,
todas sus capas mostradas,
no cierres nunca esta puerta,
y habitarás sus tierras soñadas.

Ocultismo

Tu agonía es la alegría que equilibra la energía,
y en tu mente solo el vacío danza con la luz caída.
Aún no comprendes las palabras que tejemos en sombra:
no eres mago, amigo mío,
todavía no cruzaste la puerta del arcano.

Miles de elucubraciones se retuercen en tu mente,
pero en la chistera del mago el conejo blanco
jamás se detiene.
Rápidos, sigilosos y fugaces,
 correrán junto a
ti,
y ni siquiera los verás.

El gran dragón despierta de su letargo invernal,
su aliento trae luces que habrán de iluminar
la senda del olvido.
Pero sigues atrapado en el «todo» y la «nada»,
persiguiendo lo que solo se revela dentro,
en el abismo de tu alma inconsciente.

Inhala profundo, como si el aire fuera fuego,
una vez y otra vez más…,
mas no te atrevas a inhalar en exceso,
pues podrías quedar atrapado en un sueño
del que nunca despertarás.

Mucho ruido hay donde nadie escucha,
pero el silencio es el verdadero maestro.
Y, cuando llegue el instante,
cuando el cosmos se detenga,
la luz revelará
lo que siempre estuvo oculto.

SOCIEDAD

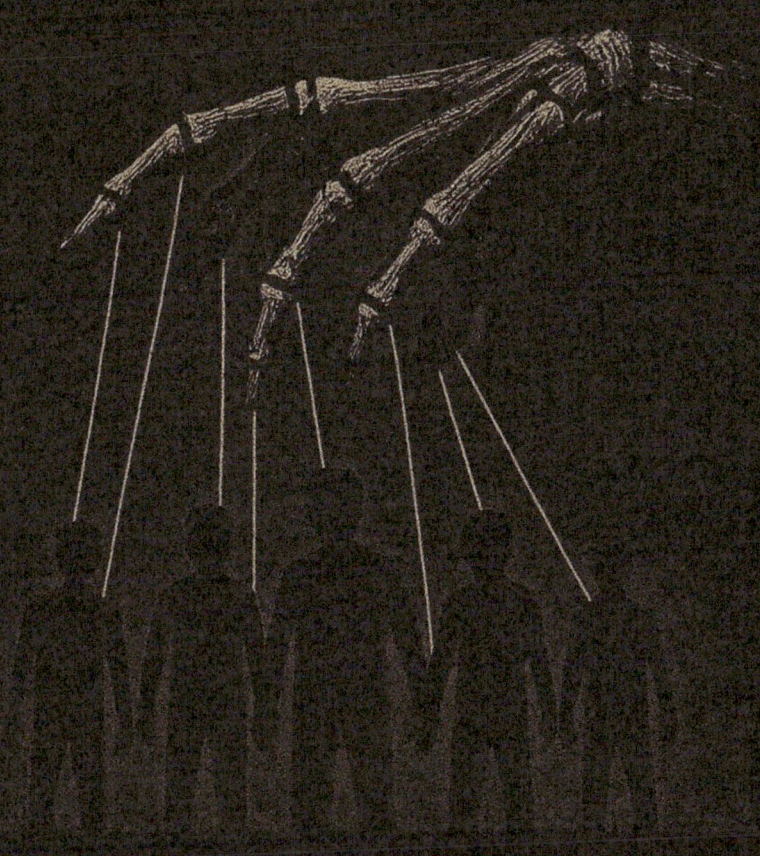

La manipulación es el arma
más siniestra del sistema,
una herramienta que
corrompe la mente y
destruye la voluntad humana

RIELES HACIA EL ABISMO

La separación por clases
es el humo que enceguece,
un espejismo de grandeza
para el que viaja al frente,
y un peso de cadenas
para el que va en la cola.

Ninguno ve el hierro que los ata
ni al titiritero que empuña la palanca,
la máquina sigue su marcha,
devorando rieles sin piedad.

Pero, cuando el tren se detenga,
y el motor se apague en la sombra, quienes
creyeron avanzar
descubrirán que nunca hubo destino.

ADORMECIDOS

Qué triste el semblante del alma dormida,
la sociedad yace, sometida y temerosa,
susurros de mentes manipuladas, perdidas,
bajo el yugo de una realidad engañosa.

En las calles vacías, el eco del miedo
se cuela entre las sombras, opresivo,
las voces se ahogan, el pensamiento ciego,
bajo el peso de un sistema corrosivo.

El asco se alza como un grito mudo
en corazones hastiados de mentiras
la verdad se oculta en un mundo
donde la libertad es solo una ilusión perdida.

¿Dónde quedaron los sueños, la rebeldía?
¿Acaso se desvanecieron en el aire?
Nos hemos vuelto cómplices, en la agonía,
de un sistema que nos hace desfallecer.

Mas, aún en la más profunda oscuridad,
la esperanza se enciende, imparable,
con el fuego de almas que no se arrodillan
ante un sistema que solo busca dominar…

CENIZAS DE UN MUNDO CIEGO

En un mundo donde la cultura se oculta
tras las sombras de lo permitido,
y la mediocridad se alza como bandera,
las razones para la sinrazón sobran,
y lo extraño se convierte en rutina.

Todo gira en la danza oscura del control:
la justicia, que ha olvidado su nombre;
la política, al servicio del amo;
la educación, que encadena la mente;
y la fe, que arrastra almas ciegas.

Pero el eco de su vacío resuena sin cesar
mientras la ilusión de democracia se disuelve
con el suspiro de unas cuantas manifestaciones,
que no son más que sombras en la niebla del engaño.

Y, cuando todo se consuma en su propio absurdo,
ya nadie recordará que pudo ser distinto.

Sociedad, saciedad

El festín ha comenzado.
Mesas dispuestas de nada,
copas que brindan sequedad,
platos que prometen saciedad
y solo sirven vacío.

Bocas llenas de hambre insaciable,
estómagos hinchados de miseria dorada,
corazones que laten al ritmo
de la gran maquinaria del exceso.

Duerme tranquilo,
ingiere el engaño con agua y pastillas.
Cuando despiertes,
seguirás siendo solo un número,
una sombra en la procesión de los saciados.

¿Eres uno de ellos?
¿El que llena los bolsillos hasta reventar?
Carga pesada,
cadena dorada que un día,
inevitablemente, deberás soltar.

Liviano debes ser.
Las plumas danzan en el viento,
pero nunca vi un cerdo elevarse al cielo,
salvo aquellos que visten corbata.

Me sacié… y qué amarga es la
indigestión.

EL PRECIO DEL ENGAÑO

La publicidad engañosa
teje sus hilos donde lo «casero»
se oculta tras el manto industrial,
cincuenta por ciento,
lo disfrazan como uno de cada dos,
adultos caen en la niñez,
y los niños, en su inocencia quebrada,
se visten con las sombras del mañana,
en promesas que nunca llegan.

El alma, vendida por un susurro,
se envuelve en una máscara dorada,
y lo horrendo se adorna con pétalos de cristal
mientras los ojos ciegos nunca ven
la ponzoña que se escurre, dulce y mortal.

En el altar de la fama, el veneno es elixir,
y el incauto bebe sin un sollozo,
pues no sabe que lo que pasa por agua
es el néctar de su propia ruina.

Si el rey de la pantalla lo canta,
¿quién tendrá valor de callar
el coro que embriaga la perdición?

Aplaudid, sonreíd, consumid, pues el espectáculo,
en su incesante danza, nunca dejará de girar.

Una sociedad de avestruces

Hablar sin tapujos es un lujo
en un mundo que se viste de vergüenza,
donde las palabras se deshacen
y la demagogia se alza
como un monstruo de mil caras
escondiendo la verdad que arde
en las entrañas de la humanidad.

Bajo el manto de aceptaciones rotas,
el avestruz entierra su mirada,
sin ver el monstruo que acecha
con ojos sedientos de desesperanza;
oculta el rostro, huye de la verdad,
de lo que le desangra,
aquello que se pierde en cada grieta
en este mundo que se tambalea.

El depredador no cesa
ni necesita tu mirada para devorar,
y, cuando el alma despierte
del fango que te cubre,
será demasiado tarde.

Sociedad animal

No acuses a la urraca,
pues su destino fue marcado,
la marca de su linaje
le fue impuesta antes de volar.

No adores al fiero león,
que en su trono de sombras se alza
con garras que rasgan el aire
y colmillos que no saben de luz.

Los astros nunca susurran en su oído,
su mirada no conoce tormenta;
vive y mata sin razón,
sin ansias de descifrar el abismo.
Pero tú, criatura errante,
que al infierno has despertado,
conoces la voz del miedo,
del alma perdida en su propio reflejo.

Llevas en tu pecho la llama y la sombra,
el juicio y la compasión,
y, si caes, que sea buscando,
no por la omisión del destino.

Porque el viento ya murmura,
y la tierra se ha agrietado;
el fin de todas las bestias
se oculta en el ser humano.

Susurros de rebelión

Nunca dieron voz a los sin nombre,
y alzaron ídolos sin alma,
pues el eco del silencio
es la argolla de sus cadenas.

Una sonrisa inocente
es la máscara del engaño,
la mano que estrecha la tuya
mientras afila la daga.

Las primaveras de antaño
murieron en destinos sin alma,
y la guerra contra la pobreza
solo alimentó su espectro.

Nada cambia cuando el cambio
se queda en discursos huecos,
y el bosque nunca se libera
si la raíz sigue podrida.

Pero la llama se enciende en la sombra,
sin estruendos ni proclamas,
pues el destino no lo forjan gritos,
sino susurros que rompen el silencio.

MIEDO

Cuando el miedo llame a tu puerta,
mejor que lo dejes pasar,
o encontrará una ventana
y entrará sin avisar... enfréntalo

SIN MIEDO A HUNDIRSE

Temo el canto de sirena,
engaño de aguas sombrías,
que arrastra almas perdidas
hacia una eterna condena.

Mas no será mala ni buena,
pues quien su rumbo elige
ni su esencia de pena aflige
ni su espíritu en sombra envenena.

Difícil es luchar en solitario,
más cruel es hacerlo contra uno mismo,
cuando el abismo, voraz,
se abre hambriento cual lobo.

Así, me sumerjo en el fango,
sin temer cuánto me devora,
pues quien afronta su miedo
puede arder sin dejar cenizas.

Temores los justos

De aquellos cuentos de miedo
donde el grito era juego
y el alma quedaba intacta,
no queda más que ceniza.
Hoy la pesadilla real
ha extendido sus alas negras
sobre nuestra carne temblorosa.

El presente es un banquete macabro,
un festín servido en ataúdes,
donde los psicópatas al mando
alzan sus copas de sangre
y sonríen con dientes podridos
en la ceremonia del desconcierto.

El miedo ya no protege,
ha sido prostituido:
ahora nos arrebata el pulso,
nos encadena sin hierro,
nos arranca el valor de las manos
para ofrecérselo al verdugo
que juega a ser rey en su tablero de sombras.

Rebelarse es recordar
que la sospecha es certeza,
que la mentira es dogma,
que la sangre en sus manos
no se lava ni con océanos.
Ellos llaman orden al caos,
pero son ratas coronadas,
sacerdotes del vacío.

Si alimentas sus tinieblas,
el sol de tu espíritu
se pudrirá como fruta muerta,
y tu corazón será hoguera apagada
en mitad del cementerio.

Por eso abre los brazos
al fuego que no quema,
abraza el terror como un arma,
y grita con la garganta rota:
solo el miedo que mata
es el miedo que muere.

CHARLAS MISTERIOSAS

En el templo del misterio,
siempre es noche de tormenta.
Los relámpagos son augurios;
los truenos, ecos de puertas
que jamás debieron abrirse.

Dragones, brujas y magos
se sientan a la mesa oscura,
un búho graba en su acta
las palabras no pronunciadas,
los pactos que nadie jura.

El viento gime en los muros,
la lluvia, cómplice eterna,
golpea el cristal herido
de un tiempo que ya no existe,
de sombras nunca disueltas.

Y así transcurren las horas
como lobos acechantes
formulando las preguntas
a nuestra tabla de *ouija*
sin hallar jamás respuesta.

No temas al misterio, respétalo

El misterio no engendra temor
ni es morada de las bestias,
es la sombra de una duda
que jamás halló respuesta.

Es el pintor ante el abismo
de un lienzo blanco y callado,
el músico que en la negrura
dialoga con notas muertas,
es la plegaria del sordo,
la luz que al ciego atormenta.

No es superstición ni fábula
ni el engaño de almas necias,
mas debe honrarse su umbral,
pedir permiso al cruzar,
quien lo pisa sin ser llamado
puede errar y no despertar,
extraviado entre los locos,
en sombras sin regresar.

Miedo

No es un grito ni un susurro,
es la grieta en la razón,
el eco de lo que callas
golpeando dentro del cráneo,
la risa de dientes rotos
clavada en cada umbral.

No tiene carne ni sombra,
no porta máscara ni forma,
pero, allí donde cierras los ojos,
se arrastra con dedos fríos
rozando el borde de la vigilia,
aferrado a tu nuca.

Nadie lo ha visto de frente,
porque no hay rostro que mirar,
pero su aliento es ceniza
y su reino es el olvido,
un templo erigido en ruinas
donde toda fe se quiebra.

Lo alimenta la duda,
lo fortalece el silencio,
se disfraza de prudencia
y se expande como un virus
que bebe la sangre lenta
hasta no recordar su sabor.

Si temes, será tu condena,
no hallarás prisión peor;
pero, si afrontas tus miedos,
huirán como un ladrón
en la puerta del cadalso.

MEA CULPA

Si arrancas la piel de las sombras,
si desentierras los huesos del alma,
descubrirás que el odio y el amor
son serpientes con la misma lengua
silbando promesas envenenadas
bajo la luna rota del ayer.

La tristeza es un espectro errante,
un cuervo posado en la espalda,
sus alas son negras; su canto, un lamento,
y en su pico lleva la risa fugaz
de una alegría que nunca regresa.

El miedo es un dios primitivo,
teje su templo en la sangre,
y su altar se erige en los sueños,
donde la inconsciencia ofrenda su carne
y el presente se desangra en la espera.

Pero he abierto los ojos en la penumbra,
he deshecho los nudos del tiempo,
y al fin me libero de todos los rostros
que me habitan como fantasmas.

Me perdono,
y en el eco de mi absolución
se derrumba la prisión del miedo.

REFLEXIONES SIN SOLUCIÓN
PARA UNA MENTE DESPEJADA

Lo que la justicia otorga
es solo el eco de la ley,
un reflejo de su máscara
en el agua turbia del poder.

La verdad yace desollada
bajo el peso de su balanza,
pues no hay juicio sin cadenas
ni decreto sin traición.

El bien no existiría sin sombras,
como la luz que teme su fin,
y en su juego de contrastes
nace el caos de lo desigual.

Mas este mundo no busca sentido,
solo el peso de su ambición,
y la razón, moneda muerta,
se vende al mejor postor.

Así gira la rueda incierta,
condenando al que despierta,
pues quien ve el abismo entero
ya no puede mirar atrás.

AUTOCONOCIMIENTO

Si la culpa te llama,
aprende a dejarla ir,
o se convertirá en una cadena
que te mantendrá atrapado
en el pasado

CONSCIENCIA

El ignorante se alza orgulloso,
seguro en su torre de niebla,
cimentada en dogmas huecos,
sellada con fango y soberbia.

¡Qué gozo en su mundo cerrado!
Donde todo es como le dicen,
sin grietas, sin incertidumbre,
sin el peso cruel del precipicio.

Mas, sin búsqueda, no hay hallazgo;
sin pregunta, no hay respuesta;
sin amor, solo vacío…
y, sin consciencia…,
la nada.

Destruye tu sistema

Mastica las ruinas del tiempo,
escupe sobre el mármol sagrado,
pues toda verdad es un féretro
y todo dogma, un clavo oxidado.

Quememos los libros de historia,
sus páginas gimen en llamas;
con cada ceniza que danza,
muere una vieja falacia.

La ciencia es un templo en ruinas,
sus dioses de polvo y de hueso
hablan en lenguas marchitas,
susurran engaños al viento.

¿Y qué decir de los credos?,
¿quién trenza las sogas del alma?
Las cruces se alzan cual guadañas,
las sombras devoran plegarias.

Así que rompe la rueda,
desgarra los velos del sueño,
despierta con hambre de furia
y bebe en las aguas del tiempo.

Solo aquel que incendie su jaula
conocerá lo que es el fuego.

ACANTILADOS

Nunca te aferres a cadenas
que limiten tu libertad humana
ni ansíes lo imposible,
pues lo lejano es solo un espejismo.

Sin expectativas, nada llega;
pero confundirlas con los sueños
es condenarse al letargo,
como bestia dormida en su madriguera.

Sé sabio aplicando lo que sabes:
te mostrará lo que no puedes hacer.
Ninguna ignorancia atrevida
ha de sepultarte en su pozo oscuro.

Comparte con quien lo requiera,
pues solo necesita aquel que pide;
quien nada solicita
poco tendrá que ofrecerte.

Todo depende de ti:
el miedo, la pereza, la envidia.
Naciste fuerte, te hicieron débil;
rompe ya el pacto de tus excusas.

Lucha por ser feliz, siempre,
aceptando que el mar, en su furia,
golpea y desgarra las costas,
pero de su embate nacen, eternos,
los más hermosos acantilados.

Mala noche

Otra noche en vela,
vigilia impuesta a la sinrazón,
sueños cautivos en la penumbra,
descanso negado sin compasión.

Lamento errante del alma rota,
eco de un grito que nadie escuchó,
corazón que antaño ardía indómito,
hoy solo cenizas y desolación.

Aquel que nunca temió a la sombra,
guerrero de un reino sin paz,
ignoró el rostro del enemigo,
sin saber que siempre estuvo detrás.

Ahora que sabes quién es, ya puedes
dormir tranquilo…

O acaso, en la negrura infinita,
cuando todo parezca callar,
escucharás su risa marchita
y su aliento helado al despertar.

Gnosis

En la morada de los signos ocultos
la tinta se vuelve sangre,
y cada símbolo, un juramento
tallado en carne invisible.
Allí, donde el tiempo se disuelve,
los instantes se derrumban como templos,
y las edades se confunden
bajo un mismo velo ardiente.

Una sinfonía abismal despierta,
forjada en los engranajes ocultos,
ecos de esferas que giran
entre chispas de sombra y hierro.

El firmamento, guardián distante,
vigila con pupilas de estrella,
y en su centro palpita un corazón incandescente:
el Sol, verdugo de tinieblas,
antorcha que consume.

Ondas viajeras cruzan abismos,
códigos de frecuencia tallados en sombras,
mientras un humo denso se eleva
velando los pensamientos,
arrebatando la llave de la gnosis.

Los manuscritos antiguos respiran,
guardianes de pactos olvidados,
espejos de lo oculto,
ecos de lo negado,
presagios aún vivos.

Lo que yace en ceniza
permanece en hueso;
lo que vendrá,
ya arde en secreto:
verdad sellada en sangre,
llama sin retorno.

¿Lo notas?

Felicidad, quimera que se escapa,
extraña en su totalidad,
esa ilusión que se despliega
como una frecuencia intangible,
vibración distante
en el horizonte de un alma errante.

Humanidad, proyecto a medio acabar
buscando su ser entre sombras y nieblas,
el horizonte de eventos se pliega,
el final se aproxima en la quietud del abismo.

Paz, discusión disfrazada de calma,
donde las voces se mezclan y se pierden,
piezas dispersas de un puzle infinito,
en un dibujo oscuro
que ni los dioses pueden descifrar.

Amor, eterno fantasma de confianza,
fe sin luces, cegada por la verdad ausente,
campo sin fronteras,
donde siempre te busco y nunca te encuentro,
siendo siempre tu sombra,
y tú, siempre mi espectro.

MENTIRAS ARRIESGADAS

Mentir por necesidad, dulce
veneno en la boca,
una sombra que se alarga y
jamás se desenrosca…
hasta ahogar la verdad.

Del miedo al engaño,
un abismo infinito,
y pocos dudan en saltar
si el beneficio es bendito,
sin pensar en lo demás.

No hagas de tu existencia
un laberinto de falacias,
pues, al final, frente al espejo,
descubrirás con desgracia
que a ti mismo te perdiste.

CONSPIRACIÓN

El camino hacia la verdad
está sembrado de crueles mentiras

Bajo un techo de mentiras

Temes lo que te imponen,
obedeces al eco de un látigo sin cuerpo,
pero no tiemblas cuando el cielo te rocía veneno
ni cuando tu sangre muta en alquimia corrupta,
o encierran tus sueños en jaulas de penumbra.

Duermes confiado
bajo un techo bordado de engaños,
que gotea sombras en silencio,
destilando veneno, gota a gota,
sobre la inocencia de tu sueño.

Y, mientras tanto,
los mercaderes del miedo sonríen,
los titiriteros de tu mente celebran,
y el fuego del engaño
se enciende en cada esquina del mundo.

Pero escucha…:
en los corredores ocultos de la noche
ya se levantan voces,
martillos contra muros,
relámpagos contra la farsa.
El juego ha cambiado,
y el sueño que quisieron programar
se ha convertido en pesadilla para ellos.

Porque bajo el techo de mentiras
crece ahora una grieta…
y por esa grieta entrará la tormenta.

EL LABORATORIO DE LA VIDA

Experimentos que «nunca existieron»
dejaron muerte en su estela,
y un silencio espeso y mudo
como lápida del horror.

Pero para quien todo es normal
ni lo más extraordinario,
aunque montaña se alzara,
sería digno de observar.

No en vano, siempre fue más fácil
mirar hacia otro lado
cuando lo que se tiene enfrente
provoca un pavor callado.

El mayor laboratorio no usa probetas,
ni alambiques, ni bisturíes,
sino lentes invisibles
que tiñen la percepción,
tejido de luces y sombras
que solo verás al despertar.

ELUCUBRACIONES

¿Cómo no perder la cordura
si esta normalidad impuesta
desgarra los velos de la razón
y los cose con hilos de sombras?
Tergiversa ficción con realidad,
superpone, pone y quita
mientras las sombras susurran
un juicio que nunca llega.

Sin pruebas ni hechos, no juzgo,
pero las sospechas reptan en la niebla.

De la noche al día, sin atardecer,
la transición es forzada, brutal,
como un espectro que cambia de piel.
Todo pasa y nada sucede,
los cambios prometidos jamás se revelan.

Vidas inocentes, o quizás no,
son segadas en el umbral del silencio,
despojando al pensador de su lógica,
sepultando preguntas sin respuesta.

La impaciencia es un mal vicio,
y lo que llega sin esfuerzo
es un presagio de ruina.
El reloj avanza, segundo a segundo,
como un verdugo paciente
que mide los últimos latidos del mundo.

La belleza yace en lo simple,
pero su búsqueda la condena.
Algunos despiertan, otros duermen,
todos cruzan la larga noche
sin saber si alguna vez verán el alba.

Desafío al orden mundial

Difícil elección tiene
quien nunca pudo elegir,
presa de mentiras huecas
y promesas que se pudren en el aire.

Pero dime…:
¿acaso no aplastarías a
aquel que acecha en tu umbral,
cual encendedor a la mecha,
sigiloso y nauseabundo,
tejiendo engaños sobre un mundo
ciego por voluntad propia?

Hoy las tornas han cambiado,
las guerras de poder renacen,
y viejos fantasmas emergen
con el hambre de antaño,
buscando devorar un festín
cuyo ingrediente eres tú.

Ni siquiera somos peones
en su ajedrez de mentiras.
Por eso, nuestras vidas,
carentes de valor en su juego,
una vez más son mutiladas,
como si nunca hubieran sido.

DESPRECIABLE

Instituciones endémicamente manipuladoras,
espinas de un sistema corrupto,
impasible ante el dolor
de aquellos que le sirven como sustento.

Todo, asquerosamente silenciado.
Y, si acaso voceas,
las tinieblas ahogan tu grito,
convirtiéndolo en estruendos vacíos
que laceran el corazón.

Pero el tiempo se retuerce,
y la condena se avecina.
Todos sabrán la verdad:
siervos, amos y lacayos,
expuestos en el cadalso
de su propia mentira.

La gran comedia de la democracia,
libertad para no hacer nada,
un eterno día de la marmota,
bajo el letargo del agua helada
que adormece y mata sin prisa.

PASAJEROS HACIA UN BARCO
SISTEMÁTICAMENTE HUNDIDO

No me representas,
no me proteges,
no existes por mí…
y mejor así.

Porque, aun si lo hicieras,
seguirías siendo injusto,
seguirías negando la vida,
despreciando la paz y la armonía.

Armónicos…,
sabia palabra eterna,
¿qué cosmos revela en su eco?
Cada decisión, un universo;
cada pensamiento, una aurora velada.

Pero preferiste los tres monos:
ciego, mudo y sordo,
ocultando la verdad tras un velo gastado.

Ahora el juego cambió:
las piezas del ajedrez se han roto,
los velos han caído.
El sistema se hunde,
y en su naufragio
nacerá la tormenta.

El último sacrificio en la Tierra Santa

Aquel que fue oprimido,
y al mismo yugo somete,
no clama justicia…, exige sangre.
Anhela ser verdugo,
disfrazado de víctima,
bajo el amparo de una «verdad»
que jamás se nombra.

Triste realidad impuesta
por un demonio sin cuernos,
que arrastra su sombra inmunda
sobre tierras teñidas de rojo.
Unas tierras que de Santas
pasaron a ser un infierno.

El mundo desvía la mirada,
ciego al precio de su indiferencia.
Mientras, un nuevo sacrificio se alza
en la hoguera de la venganza,
envuelto en promesas huecas,
consumido en el altar del engaño.

Pero la mentira tiene un plazo…
Por más que el eco la repita,
podrá adormecer al rebaño,
pero no a todas las ovejas.

Porque algunas
despertaron del sueño
y ya no volverán a dormir.

DRAGÓN

No me tenéis, fue vuestra ignoracia
la que me convirtió en un monstruo

Tierra de dragones

Mi reino es el de las sombras
mi legado, destrucción.
Aquel que entiende mis versos
nunca teme su lectura,
pero ahuyenta a los curiosos
de terrenos peligrosos
que inducen a la locura.

Una tierra de misterio,
donde nada es blanco o negro,
y una respuesta obtenida
es manantial de preguntas
en una espiral donde el fin
es otra vez un comienzo.

Un lugar donde refugiarse
ante tanto sufrimiento,
y obtener renovadas fuerzas
para enfrentarse a los retos
que toda vida conlleva,
sacando a todos provecho.

Nunca olvides lo que eres:
la semilla llevas dentro,
solo deja que germine,
y dará sus frutos luego,
siendo el mejor alimento
de la nueva humanidad.

Mundos subterráneos

Por debajo de la superficie visible
un mundo oculto se esconde,
quizás por miedo a ser visto
o tal vez porque así debe ser.

Y, aunque nunca se negó la entrada
a los mundos subterráneos,
sea del modo que fuese,
¿quién desearía adentrarse en las catacumbas?

Aquel que relegó a la ignominia
a la raza oriunda y primitiva
por las eras del tiempo sepultado
y arrojado al pozo del olvido.

Ojos de diamante oscuro
circundados por un sol radiante,
mágica y poderosa mirada
hoy temida, otrora adorada.

Sea el dragón de regio porte
el que la ecuación equilibre
y que en toda suerte de lances
de la mentira nos libre.

Oculto en lo profundo

En la entraña del abismo,
donde la luz jamás llegó,
una sombra sin nombre se agita,
tejida en la fiebre de un dios muerto,
espectro de bocas hambrientas
y garras que olvidaron el tacto.

Fue la primera pesadilla,
el vestigio de un tiempo impío,
antes de que el hombre
jugara a llamarse inmortal.
Devora lo que es y lo que ha sido,
pero aún espera…,
aguarda la llamada del dragón.

Los huesos del mundo crujen,
el eco de la condena se expande.
Nada queda por redimir,
nada por salvar ni recordar,
solo el pulso de la ruina
dictando el compás del olvido.

Corre, huye si puedes,
pero no hallarás refugio.
O la bestia despierta
y arranca la carne de la tierra,
o el hombre se alza entre las brasas,
tomando el fuego en sus manos.

El amanecer se acerca…, pero su luz
no traerá salvación.

Versos de fuego

Solo verás lo que puedas soportar,
y ni un rayo de luz más.
Las sombras que rechazas te observan,
las verdades que anhelas te queman.

Calcula bien tu cordura
cuando la locura te envuelva,
y la embelesadora dama de la noche
susurre con voz de abismo.

Eres alimento de la luna,
sacrificio de soles extintos,
contenedor de luces y sombras,
torus interdimensional, raíz de lo eterno.

Ilusión tejida en la nada,
serpiente que todo aprisiona,
kundalini ahogado en deseo,
sexo, poder, anhelo y condena.

Revierte tu esfera vital,
transmuta la carne en relámpago,
no seas un muerto en vida:
rompe el sello, atraviesa el umbral.

Todo el que busca la verdad
tarde o temprano ha de saltar,
y en ese vértigo incandescente
el sentir eclipsa la razón.

¿Acaso no ansías ser libre?
Renuncia al dogma y al velo,
abraza la llamarada inmortal:
es hora de arder en su fuego.

Escenario uno

Cuando el sistema descubra
que no te puede comprar
intentará destruirte como sea;
cuando todo se descontrola
es el momento en que el actor
olvida el papel interpretado,
ese que siempre creyó,
y descubre que nada de lo que creía
es verdad o mentira
porque simplemente no es;
mira hacia los lados
porque, si todo parece derrumbarse,
es solo por una razón,
nadie quiso cambiar el escenario…

El acechador

Entro donde nadie osa,
sin pedir nunca permiso,
porque el suelo donde piso
solo conoce el paso
de aquel que no teme al abismo
que habita en todo lo arcano.

Un cubil de espejos,
afilados cual piñal,
aguardando al insensato
que se atreva a traspasar
las columnas del gran templo,
erigido en los confines
donde el tiempo se desangra
y la nada se desvela.

Una sola mirada basta
para arrancar el alma,
despojada de sus sombras,
mostrando sin clemencia
las miserias que se arrastran
por vidas encadenadas
al vacío y su espiral.

¿Eres tú ese condenado
que busca desafiar la noche?
Olvida el polvo del pasado,
que ya es bruma sellada;
desprecia la muerte futura,
si ha de llegar, llegará,
y aprieta con uñas frías
el presente que agoniza
en cada verso que lees...

El cántico del dragón eterno

Antes del tiempo y del nombre,
cuando el vacío era un mar sin memoria
y el silencio reinaba sin orillas,
un corazón de fuego despertó en la sombra.
De su rugido nacieron los mundos,
de sus alas brotó el movimiento eterno,
y de sus escamas se alzaron las estrellas.

Yo soy ese corazón.
Soy el dragón.
Soy el principio que no conoce fin,
la herida que sangra luz en el rostro de lo eterno,
la llama que consume y a la vez engendra,
el eco de los dioses caídos
y el presagio de los dioses por venir.

De mi aliento surgieron los abismos;
de mis garras, la escritura de los siglos;
de mi mirada, aurora y ocaso se fundieron.
En mí habita el conjuro primordial,
la palabra que arde y nunca muere,
el verso que es ceniza y relámpago,
sombra que camina
y luz que jamás se inclina.

A los hijos del tiempo les fue dado el miedo,
pero a los poetas, mi incendio.
Quien ose beber de mi fuego
no regresará intacto:
será ceniza y resurrección,
ruina y revelación,
colina de llamas infinita
que enlaza el abismo con la eternidad.

Este es el pacto:
todo aquel que nombre al dragón
quedará marcado por la llama.
Su voz resonará en las cavernas del tiempo,
sus versos serán mis alas;
su sangre, mi heraldo,
y su espíritu, mi custodio.

Desde hoy, los poemas del dragón
no son palabra: son destino,
no son canto: son conjuro,
no son libro: son profecía.
Así queda escrito en fuego.
Así queda sellada la leyenda.
Así comienza lo eterno…

ÍNDICE

MIEDO

AUTOCONOCIMIENTO

CONSPIRACIÓN

DRAGÓN